MI CUERPO
MI CUERPO TIENE
BRAZOS Y MANOS

AMY CULLIFORD   Traducción de Milly Blanco

Un libro de Las Raíces Plus de Crabtree

CRABTREE
Publishing Company
www.crabtreebooks.com

T0020351

Apoyos de la escuela a los hogares para cuidadores y maestros

Este libro ayuda a los niños en su desarrollo al permitirles practicar la lectura. Abajo están algunas preguntas guía para ayudar al lector a fortalecer sus habilidades de comprensión. En rojo hay algunas opciones de respuesta.

Antes de leer:
• ¿De qué pienso que tratará este libro?
  - *Pienso que este libro trata sobre cómo uso mis manos y brazos.*
  - *Pienso que este libro trata sobre cómo funcionan mis brazos y manos.*
• ¿Qué quiero aprender sobre este tema?
  - *Quiero aprender a fortalecer mis brazos.*
  - *Quiero aprender sobre los movimientos que puedo realizar con mis manos.*

Durante la lectura:
• Me pregunto por qué...
  - *Me pregunto por qué tengo dos brazos y dos manos.*
  - *Me pregunto por qué tengo dedos.*
• ¿Qué he aprendido hasta ahora?
  - *Aprendí que mis codos ayudan a doblar mis brazos.*
  - *Aprendí que mis dedos me ayudan a sentir cosas.*

Después de leer:
• ¿Qué detalles aprendí de este tema?
  - *Aprendí que los brazos y las manos son partes de mi cuerpo.*
  - *Aprendí que las manos pueden ser grandes o pequeñas.*
• Lee el libro una vez más y busca las palabras del vocabulario.
  - *Veo la palabra **codo** en la página 8 y la palabra **saludar** en la página 16. Las demás palabras del vocabulario están en la página 23.*

Tú tienes dos **brazos**.

Son parte de tu **cuerpo**.

Los brazos te ayudan
a llevar cosas.

Jill usa sus brazos para cargar sus libros.

Cada brazo tiene
un **codo**.

Los codos ayudan a
doblar los brazos.

¡Uso mis brazos para **abrazar** a mi madre!

Tú tienes dos manos.

Las manos pueden ser grandes o pequeñas.

Puedes usar tus manos para mover cosas.

¡Uso mis manos para **saludar** a mi amigo!

Cada mano tiene cinco **dedos**.

Tus dedos te ayudan a sentir las cosas.

¡Uso mis dedos para pasar la página!

Lista de palabras
Palabras básicas

a	la	sentir
amigo	libros	ser
ayudan	llevar	son
cada	madre	tiene
cinco	mano	tú
cosas	manos	tus
de	mi	un
dos	mover	usar
grandes	pueden	uso

Palabras para conocer

abrazar

brazos

codo

cuerpo

dedos

saludar

MI CUERPO
MI CUERPO TIENE
BRAZOS Y MANOS

Written by: Amy Culliford
Translation to Spanish: Milly Blanco
Designed by: Rhea Wallace
Series Development: James Earley
Proofreader: Janine Deschenes
Educational Consultant: Marie Lemke M.Ed.

Photographs:
Shutterstock: berezander: cover, p. 3; Pixel-Shot: p. 4; Pressmaster: p.5; wavebreakmedia: p. 7, 16; Olga Chuprina: p. 8; Iakov Filimonov: p. 9; VGStockstudio: p. 11; WEILOKE: p. 12; Aleksandra Belinskaya: p. 13; Hananeko_Studio: p. 15; Studio Kiwi: p. 17

Library and Archives Canada
Cataloguing in Publication

CIP available at Library and Archives Canada

Library of Congress
Cataloging-in-Publication Data

CIP available at Library of Congress

Crabtree Publishing Company

www.crabtreebooks.com   1-800-387-7650

Published in the United States
Crabtree Publishing
347 Fifth Avenue, Suite 1402-145
New York, NY, 10016

Published in Canada
Crabtree Publishing
616 Welland Ave.
St. Catharines, ON, L2M 5V6